이야기대화식으로 재미있게 배우는 아름다운 십대 성경공부

가치관

201시리즈 1

이대희 지음 · 생활성경사역연구소 편

엔크리스토

아름다운 십대 성경공부 시리즈 교재의 특성

1_ 십대들이 꼭 알아야 할 핵심내용과 성경적인 가치관과 세계관을 정립하는 성경공부입니다.

2_ 귀납적 형태를 띤 이야기 대화식으로 탐구능력을 키우고 생각을 점차 열리게 하는 흥미로운 성경공부입니다.

3_ 자유로운 토의와 열린 대화를 활발하게 하는 소그룹에 적합한 성경공부입니다.

4_ 영적 사고력과 해석력과 분별력을 키우면서 스스로 적용능력을 점차 극대화시켜주는 성경공부입니다.

5_ 본문중심 성경공부로 성경이야기 속으로 빠져 들어 말씀의 성육신을 경험하는 성경공부입니다.

6_ 흥미와 재미를 갖도록 주제가 구성되어 있고 모두가 쉽게 참여하면서 영적 깊이와 변화를 체험하게 하는 전인적인 성경공부입니다.

7_ 성경공부를 통하여 자연스럽게 학과공부와 전인교육에 필요한 논술력, 사고력, 상상력, 창의력, 응용력을 함께 계발시키는 성경공부입니다.

8_ 분반공부와 제자훈련의 시간(30분, 1시간, 1시간 30분)을 탄력적으로 상황에 따라 운영하며 사용할 수 있는 성경공부입니다.

9_ 15년 동안 준비하고 실험한 성경공부 사역 전문가에 의하여 검증된 효과적인 공부 방법과 총체적이며 전인적인 교과과정이 체계적으로 구성된 신뢰할 만한 성경공부입니다.

아름다운 십대 성경공부 시리즈 전체 양육과정표

십대는 인생의 미래를 결정하는 가장 중요한 시기입니다. 믿음의 기초와 바른 가치관과 기독교적 세계관이 형성되는 인생의 주춧돌을 쌓는 시기입니다. '아름다운 십대 성경공부 시리즈'는 1년 단위로 3년 동안 중·고등부가 함께 사용할 수 있게 구성되었습니다. 기본적인 양육과정의 틀은 십대자아, 신앙세움, 십대생활, 십대문화, 성경인물입니다. 십대에 맞는 5개의 핵심주제를 균형있게 설정하여 3년 동안 주제를 점차 심화하고 확장하면서 전인적이고 통전적인 신앙인으로 자라가도록 구성하였습니다. 전체적인 양육 커리큘럼을 그리면 다음과 같습니다.

양육주제	101시리즈	201시리즈	301시리즈
십대자아	자기 정체성	가치관	진로와 비전
신앙세움	복음 만남	믿음뼈대	신앙원리
십대생활	신앙생활	십대생활	생활열매
십대문화	멋진 사춘기	유혹탈출	문화창조
성경인물	예수의 사람	하나님의 사람	믿음의 사람

● 각 권은 10과-12과로 구성되어 있으며 3년 과정으로 중·고등부가 학년에 상관 없이 모두 사용할 수 있습니다. 과정을 계속하여 사용하기를 원하시면 중·고등부와 청장년이 함께 사용할 수 있는 '투데이 성경공부 시리즈'(이대희 저, 엔크리스토)에서 필요한 주제를 선택하여 교과과정을 자체적으로 구성하여 사용할 수 있습니다.

● 교재 사용중 의문 사항은 ckr9191@hanmail.net로 메일을 보내시거나 생활성경사역연구소(031-702-9078, 016-731-9078, www.엔크리스토.wo.to)에 문의하시면 친절히 답변해드리겠습니다.

앞에 오는 글

위대한 하나님의 꿈을 꾸는 아름다운 십대여!

십대는 꿈을 꾸는 시기입니다. 얼마나 바른 꿈을 꾸며 그것을 위해 노력하고 훈련하는가에 따라 미래가 결정됩니다. 특히 이때 하나님께서 주신 뜻을 찾기 위해 성경공부를 한다는 것은 정말 소중한 일입니다. 십대는 인생의 방향을 결정하는 중요한 시기이므로 이 시기를 특별하게 생각하고 고귀하게 보내야 합니다.

그러나 교회학교 교육은 이런 소중한 시간에 우리의 십대들이 말씀에 재미를 느끼고 인생을 계획하는 데 구체적인 지침을 마련해주지 못해 너무나 안타깝습니다. 십대 때 꿈을 발견하고 가꾸지 못하면 나중에는 갈팡지팡하며 방향을 잃고 방황하게 됩니다. 그러므로 이 시점에서 "아름다운 십대 성경공부 시리즈"는 꼭 필요하다고 생각합니다.

아름다운 꿈은 거저 얻을 수 없습니다. 남이 가르쳐주거나 사회가 알려주는 것도 아니고 학교에서 배우는 것도 아닙니다. 꿈은 오직 하나님만 가르쳐주실 수 있습니다. 우리가 꾸는 꿈은 전적으로 하나님의 꿈이어야 합니다. 하나님께서 보시기에 아름다운 것이어야 합니다. 그러려면 우리는 당연히 성경으로 돌아와서 나에게 향하신 하나님의 꿈을 발견해야 합니다. 말씀 안에서 인생관과 세계관을 설정하고 그것을 위해서 부단히 땀을 흘려야 합니다. 모쪼록 이런 귀중한 일에 이 성경공부 교재가 쓰이길 바랍니다. 알고보면 이것처럼 신나고 보람된 일은 없습니다. 이 교재를 통해 놀라운 하나님의 음성을 듣고 하나님께서 원하시는 아름다운 인생의 꿈을 발견하기를 간절히 바랍니다.

하나님의 위대한 인물을 꿈꾸며 나가는 훌륭하고 아름다운 십대들을 위해 수고하시는 교역자와 교사들과 이 교재를 사용하는 모든 교회 현장과 삶의 자리에서 하나님의 큰 도우심이 있기를 기도합니다. 이 교재를 위해서 수고한 많은 사랑하는 동역자들에게 감사드립니다.

오직 주님께 영광을…….

이대희

들어 가면서

십대에 가치관을 형성하는 것은 대단히 중요합니다. 십대는 가치관에 대한 혼란을 겪으면서 가치관을 정립하는 시기입니다. 가치관은 옳고 그름에 대한 분별력을 배양하는 것으로, 십대의 시기에 꼭 갖추어야 할 내용입니다.
특히 성경적인 가치관을 갖는 것은 가능한 빠르게 정립하면 할수록 유익합니다. 사람들은 무엇을 판단하고 결정할 때 나름대로 갖고 있는 가치관의 틀 속에서 정합니다. 그러므로 어떤 가치관을 갖고 행동하고 생각하는지에 따라 상황은 전혀 다르게 나타납니다. 대부분의 십대들은 세상적인 가치관을 갖고 진로를 결정하는 경우가 많습니다. 그것도 결국 가치관의 문제에서 나옵니다.

이런 의미에서 '가치관' 은 중요합니다. 잘못된 가치관은 우리를 병들게 하고 우리를 파멸로 몰고 갈 수 있습니다. 십대에 바른 가치관을 갖도록 해야 합니다. 성경적인 가치관 속에서 공부하고 인생의 방향을 정하고 세상을 보는 안목을 길러야 합니다.

가치관

차 례

마지막 기도

어느 조그만 마을에서 목회하던 목사님이 노부부 성도를 찾아갔습니다. 그 목사님은 자기가 다른 교회로 가게 되었다면서 마지막으로 함께 기도를 드리자고 했습니다.

목사님이 기도를 시작하자 노부부는 경건하게 머리를 숙였습니다.

그런데 갑자기 그 집에 있는 개가 으르렁거리기 시작했습니다. 으르렁거리는 소리가 점점 더 커지자 부인은 기도 중이었지만 남편 옆구리를 찌르면서 조용히 말했습니다.

"밖으로 내보내세요. 어서 밖으로 내보내란 말이에요."

그러자 남편은 천천히 몸을 일으키더니 목사님의 팔을 잡고는 슬금슬금 밖으로 끌고 나갔습니다.

약속 좀 지켜 01

이후에 여호와의 말씀이 이상 중에
아브람에게 임하여 가라사대 아브람아 두려워 말라
나는 너의 방패요 너의 지극히 큰 상급이니라

— 창세기 15:1

마음을 여는 대화

한 사람이 심장병으로 죽어가고 있었습니다. 그는 이 병을 세계적으로 알려진 심장병 전문의에게 맡기기로 했습니다. 그 외과의사는 여러 심장이식 수술을 성공적으로 해냈던 사람이었습니다. 의사는 그에게 만약 이 병을 완전히 의사의 손에 맡기고 신뢰한다면 새로운 심장을 갖게 되고 완치될 것이라고 말하며 안심시켜주었습니다. 그는 의사를 믿고 신뢰했습니다. 물론 수술은 대성공이었습니다. 이처럼 세상의 모든 일은 서로를 믿고 서로의 약속을 믿는 신뢰의 바탕에서 이루어집니다. 그러나 요즘에는 이 약속이 파괴되는 경우가 많이 나타나는데, 그 예들을 우리 주위에서 찾아보십시오.

-

-

-

말씀이야기 나누기

창세기 15:1-6, 창세기 16:1-6, 창세기 17:15-19, 21:1-7을 찾아 읽고 서로 이야기를 나누어보십시오.

1 다음의 말씀을 세 그룹으로 나누어 읽고 질문에 따라 자유롭게 발표해보십시오.

제 1그룹_ 창세기 15:1-6

1) 아브람이 환상 가운데 하나님께 받은 말씀은 무엇입니까?

2) 현재 아브람에게 닥친 큰 고민거리는 무엇입니까?

3) 하나님께서 아브람의 고민을 어떻게 해결해주셨는지 그 방법을 말해보십시오.

제 2그룹_ 창세기 16:1-6

1) 아브람과 사라가 하나님의 약속을 믿지 못하고 10년이 지난 후에 취한 인간적인 방법은 무엇입니까?

2) 이 일로 아브람의 가족에게 어떤 일이 생겼습니까?

제 3그룹_ 창세기 17:15–16, 21:1–7

1) 사래의 이름을 바꾸어주셨는데 그 이름은 무엇인지 뜻을 말해보십시오.

2) 아브람은 왜 속으로 웃었습니까?

3) 아브라함이 100세가 되었을 때 사라에게 어떤 일이 일어났습니까?

생각을 깊게 하는 대화

1_ 이삭과 이스마엘의 출생에 관련된 이야기를 듣고 느낀 점을 말해보십시오.

2_ 하나님의 약속과 신앙은 서로 어떤 관계가 있습니까? 특히 성령의 9가지 열매를 중심으로 믿음을 점검하는 방법과 나타나는 유익에 대해서 말해보십시오.(참고/갈라디아서 5:22-23)

생활 속에서 실천하기

1_ 지금까지 살아오면서 85세 때까지 아들을 낳지 못했던 아브람과 비슷한 경우가 있었습니까? 그때 내가 느낀 감정과 취한 행동은 어떤 것인지 말해보십시오.

2_ 나는 살아가면서 하나님의 뜻을 잘 알고 약속을 잘 지키기 위해 어떻게 해야 합니까?

3_ 나는 하나님께서 주신 이웃에 대해서 약속을 얼마나 잘 지키는 편입니까? 그렇지 못하다면 그 이유에 대해 말해보십시오.

약속과 성취

세상의 모든 역사는 약속과 성취 속에서 이루어집니다. 그냥 이루어지는 것 같아도 하나님의 깊은 섭리와 계획 속에서 이루어지는 것입니다. 어느 것 하나 그냥 이루어지는 것이 없습니다. 우연한 것도 없고 갑자기 이루어지는 것도 없습니다. 모든 것이 하나님께서 약속하신 말씀에 근거하여 이루어집니다. 조금 늦게 이루어진다 해도 하나님의 약속은 분명히 이루어집니다. 중요한 것은 얼마나 그것을 믿고 기다릴 수 있느냐는 것입니다. 곧 믿음이 있느냐는 것입니다.

그리스도인은 약속을 믿고 사는 사람입니다. 하나님의 약속을 믿고 사는 사람은 분명 아주 행복한 사람입니다. 왜냐하면 하나님의 약속은 분명히 이루어지기 때문입니다. 성경은 하나님의 약속을 믿고 산 사람들의 이야기입니다. 오늘 우리도 하나님의 약속을 따라 살고 있습니다. 우리가 그 약속을 믿든지 안 믿든지 상관없이 하나님의 약속은 이루어집니다. 이왕이면 그 약속을 믿고 약속에 따라 살아가는 사람이 되어야 합니다. 하나님께서 주신 약속의 말씀을 찾고, 그것을 믿고 기다리며 순종하십시오. 그러면 분명히 이루어질 것입니다.

어떤 면접

어느 자매가 교회 사무실 비서직에 응시했습니다. 응시 원서를 제출한 후 목사님과 면접을 하게 되었습니다. 목사님은 그녀가 출생 연도를 쓰지 않았다는 것을 발견하고, "당신의 생일은 7월 10일이군요. 몇 년도인지 물어봐도 됩니까?" 라고 물었습니다.

그러자 그녀는 이렇게 대답했습니다.

"매년마다죠!"

두 가지 핵심 02

네 마음을 다하고 목숨을 다하고 뜻을 다하고
힘을 다하여 주 너의 하나님을 사랑하라 하신 것이요
둘째는 이것이니 네 이웃을 네 몸과 같이 사랑하라
하신 것이라 이에서 더 큰 계명이 없느니라

— 마가복음 12:30-31

마음을 여는 대화

다음 물음에 대답해보십시오.

- 이 세상에서 가장 중요한 것은 무엇입니까?

- 그리스도인에게 가장 중요한 것은 무엇입니까?

- 나에게 현재 가장 중요한 것은 무엇입니까?

말씀이야기 나누기

마가복음 12:28-34을 읽고 서로 이야기를 나누어보십시오.

1. 서기관의 질문과 예수님의 대답을 비교하여 정리해보십시오.(28)

2. 예수님께서 가르쳐주신 사랑의 내용을 말해보십시오.(29-31)

3. 서기관은 하나님의 사랑과 이웃 사랑을 무엇에 비교하여 말하고 있습니까?(33)

4 예수님은 지혜로운 서기관의 대답을 듣고 어떻게 칭찬하셨습니까?(34)

5 예수님과 서기관의 대화를 들은 주위 사람들은 어떤 반응을 보였습니까?(34)

네 마음을 다하고 목숨을 다하고 뜻을 다하고 힘을 다하여 주 너의 하나님을 사랑하라 하신 것이요 둘째는 이것이니 네 이웃을 네 몸과 같이 사랑하라 것이라 이에서 더 큰 계명이 없느니라

생각을 깊게 하는 대화

1_ 성경에 나와 있는 계명은 크게 두 가지로 요약됩니다. 어떤 것인지 말해보고 두 가지로 요약한 이유를 생각해보십시오.

2_ 하나님의 뜻은 사랑입니다. 모든 것은 하나님의 사랑으로 인해 변화되고 성장합니다. 성경에서 보여주는 사랑과 세상에서 말하는 사랑의 차이점은 무엇입니까? 이런 사랑은 세상을 어떻게 정복할 수 있습니까?(참고/고린도전서 13장)

생활 속에서 실천하기

1_ 하나님을 사랑하는 구체적인 예를 들어보십시오. 또한 크리스천 십대로서 이웃사랑을 실천할 수 있는 예를 들고 구체적인 계획을 세워 보십시오.

2_ 본문에 나타난 하나님의 성품은 무엇이며, 이것은 나에게 어떤 힘과 위로를 주고 있습니까?

세상에서 가장 중요한 것

성경의 메시지를 하나로 요약하라면 그것은 두말할 것도 없이 '사랑'이라고 할 수 있습니다. 바꾸어 말하면 이 세상에서 가장 중요한 것은 사랑입니다. 사랑 없는 열심은 의미가 없고 사랑 없는 구제도 아무 의미가 없습니다. 사랑 없는 아름다움은 아름다움이 아닙니다. 이런 의미에서 보면 사랑하는 것은 모든 것을 이룬 것이 됩니다. 결국 우리가 하는 모든 일은 사랑하기 위해서입니다.

하나님을 사랑하고 이웃을 사랑하는 것 외에 인생의 중요한 목적은 더 이상 없습니다. 모든 인생의 목적은 그것에 부합되고 평가되어야 합니다.

사랑이 빠진 인생은 결국 의미 없는 헛된 삶이 되고 맙니다. 우리의 모든 일은 사랑하기 위해서 존재하고 그것에 목표를 두어야 합니다. 그것이 최고의 성공입니다. 사랑 없는 성공은 실패입니다. 사랑을 목표로 하지 않는 부귀와 명예는 타락입니다. 우리는 '사랑', 그것을 위해 모든 것을 힘써야 합니다.

● 웃음 천국

본 적이 없어요

어느 남자가 다음과 같은 질문을 받았습니다.
"당신이 다니는 교회의 목사님은 어떤 색깔의 눈을 가졌습니까?"
그러자 남자는 이렇게 대답했습니다.
"글쎄, 잘 모르겠는데요. 기도할 때는 목사님이 눈을 감으시고 설교시간엔 제가 눈을 감아서 한 번도 목사님의 눈을 본 적이 없거든요."

03

장애물을 통과하라

눈의 아들 여호수아가 제사장들을 불러서
그들에게 이르되 너희는 언약궤를 메고 일곱 제사장은
일곱 양각나팔을 잡고 여호와의 궤 앞에서 행하라 하고
또 백성에게 이르되 나아가서 성을 돌되
무장한 자들이 여호와의 궤 앞에 행할지니라

— 여호수아 6:6–7

현재 나의 공부 방법을 말해보고 각 과목에 따라 어떤 점이 어려운지 말해보십시오.

- 수학

- 국어

- 영어

- 사회

- 논술

말씀이야기 나누기

여호수아 6:1-19을 읽고 서로 이야기를 나누어보십시오.

1. 하나님은 여리고 성을 함락하기 전에 여호수아에게 어떤 약속의 말씀을 주셨습니까?(2)

2. 하나님은 이스라엘 백성에게 여리고 성을 어떻게 함락하라고 하셨습니까? 그 구체적인 방법을 설명해보십시오.(3-5)

3. 여호수아와 백성들은 하나님의 말씀을 듣고 어떻게 실천했습니까?(6-16)

4 여호수아가 여리고 성을 함락하기 전에 백성들에게 어떤 주의사항을 주었습니까?(17–19)

생각을 깊게 하는 대화

1_ 이스라엘 백성들은 여리고 성을 함락하기 위해 제일 먼저 언약궤를 메고 행진하였습니다. 이는 장애물을 정복하는 우리에게 어떤 영적 교훈을 주고 있습니까?(참고/요한일서 5:1-5)

2_ 이스라엘 백성들이 다른 것으로 하지 않고 나팔과 백성들의 함성을 사용하여 여리고 성을 함락한 이유는 무엇입니까? 그것은 오늘날 우리가 생활에 나타난 어려움을 정복하는 것과 어떤 관계가 있습니까?

생활 속에서 실천하기

1_ 나를 가장 힘들게 하는 장애물은 무엇이며 오늘 내가 정복해야 할 여리고 성은 무엇인지 찾아보십시오.

2_ 지금 나에게 닥친 어려운 일을 정복하기 위하여 어떻게 해야 하는지 구체적으로 적용해보십시오.

3_ 오늘 말씀을 통해서 특별히 깨달은 교훈을 말해보십시오.

장애물 정복의 비결

인생은 정복해야 할 것으로 가득 차 있습니다. 어느 누구에게도 인생길이 그냥 편안하게 주어지는 것은 아닙니다. 왜 그럴까요? 그것은 하나님께서 인간을 겸손하게 만들기 위해 주신 길이기 때문입니다. 인간은 아무 일도 없이 그냥 편안해지면 자기가 하나님인 양 생각하며 교만해지는 나쁜 습성을 갖고 있습니다. 그래서 하나님께서는 이와 같은 인간의 악한 품성을 씻어버리기 위해 장애물을 주시고 그것을 정복하게 하셨습니다.

그런데 중요한 것은 그 장애물을 내 힘으로 정복하려면 절대로 정복할 수 없다는 것입니다. 왜냐하면 하나님께서 우리에게 장애물을 주신 것 자체가 우리의 힘으로 되는 것이 아니라 하나님을 의지하는 믿음으로 되는 것임을 가르치기 위한 것이기 때문입니다.

결국 장애물을 주신 것은 우리에게 믿음으로 정복하게 하기 위한 것입니다. 우리에게 믿음만 있다면 인생의 모든 장애물을 정복할 수 있습니다. 모든 장애물 정복의 성패는 하나님을 전적으로 의지하는 믿음에 달려 있습니다. 하나님만 전적으로 의지하는 믿음이 있는 한 우리에게는 못할 일이 없고, 능치 못할 일이 없고, 정복하지 못할 일이 없습니다.

침례

추운 1월에 강에서 침례를 받고 나온 사람에게 목사님이 물었습니다.
"물이 차지요?"
"아닙니다."
그러자 곁에 서 있던 집사님이 말했습니다.
"목사님! 그 사람을 물에 다시 집어넣으세요. 아직도 거짓말을 하고 있습니다."

믿고 싶지만 04

여호와의 언약궤를 멘 제사장들은 요단 가운데
마른 땅에 굳게 섰고 온 이스라엘 백성은
마른 땅으로 행하여 요단을 건너니라

— 여호수아 3:17

● 신앙생활을 하면서 잘 이해되지 않은 것이 있다면 그것에 대해서 이야기를 나누어보십시오. 브레인스토밍 방법, 곧 생각나는 대로 한 사람씩 칠판에 적어서 자유롭게 말한 뒤에 최종적인 5가지를 선정하는 방법을 사용하면 좋습니다.

1)

2)

3)

4)

5)

말씀이야기 나누기

여호수아 3:7-17을 읽고 서로 이야기를 나누어보십시오.

1. 하나님은 여호수아에게 무엇을 알게 하겠다고 말씀하셨습니까?(7)

2. 그 방법으로 무엇을 명하셨습니까?(8)

3. 본문에 나타난 하나님의 모습들을 찾아보십시오.(9-10)

4 이스라엘 백성보다 먼저 요단에 들어간 것은 무엇입니까?(11)

5 하나님께서 이스라엘 백성에게 명하신 것은 무엇이며, 하나님께서 명하신 대로 행하면 어떤 일이 벌어질 것이라고 말씀하셨습니까?(12-13)

6 말씀을 따라 행할 때 나타난 기적의 과정과 모습을 묘사해보십시오.(14-17)

여호와의 언약궤를 멘 제사장들은 요단 가운데 마른 땅에 굳게 섰고 온 이스라엘 백성은 마른 땅으로 행하여 요단을 건너니라

생각을 깊게 하는 대화

1_ 본문을 통해 신앙의 정의를 내려보십시오.

2_ 우리가 하나님의 축복과 기적을 경험하는 사람이 되기 위해서는 어떤 조건이 선행되어야 합니까?(참고/마가복음 9:23, 빌립보서 4:13)

3_ 하나님의 법궤를 가장 앞세운 것은 어떤 영적 의미가 있습니까?

생활 속에서 실천하기

1_ 현재 내가 믿는 바를 그대로 실천에 옮기지 못하고 있는 것이 있다면 말해보십시오. 그리고 왜 그것을 못하고 있는지 이유를 찾아보십시오.

2_ 본문을 통해 특별히 발견되는 하나님의 모습을 나의 삶에서 찾아보십시오. 그리고 그 모습이 나의 삶에 어떤 힘을 주는지 생각해보십시오.

3_ 나의 믿음은 어느 정도인지 한 번 생각해보십시오.

믿음이란?

믿음은 보이는 물질을 믿는 것이 아닙니다. 믿음은 이 세상을 믿고 권력과 명예를 믿고 친구를 믿는 것이 아닙니다. 믿음은 보이지 않는 하나님을 믿는 것입니다. 하나님 이외의 것을 믿는 믿음은 헛된 믿음입니다. 우리가 정말 성공하려면 하나님을 믿고 시작해야 합니다. 세상의 것들을 믿으면 결국 실패하게 됩니다. 왜냐하면 그것들은 모두 일시적인 것이기 때문입니다. 아무리 대단해도 잠시 있는 것이고 우리 곁에서 사라지는 것들입니다.

구원은 하나님께서 보내주신 예수님을 믿을 때 주어집니다. 세상에서 가장 큰 축복은 구원을 얻는 것입니다. 행복은 구원의 하나님을 얼마나 믿고 신뢰하는지에 따라 결정됩니다. 구원은 영원한 것입니다. 세상의 일시적인 것이 아니라 영원한 하나님을 나의 삶 속에 충만하게 해야 합니다. 그러면 우리의 삶은 하나님의 선한 것으로 충만하게 됩니다. 하나님만 믿고 의지하면서 나아갈 수 있는 믿음을 굳게 하기 위해 시간을 투자하는 것처럼 값진 일은 없다는 것을 다시 한 번 기억합시다.

어느 무신론자

교회와 신앙을 비방하면서 자신의 불신앙을 자랑하는 사람이 있었습니다. 어느 날 그 무신론자에게 한 사람이 말을 건넸습니다.

"당신이 하나님을 믿든지 안 믿든지 그게 중요한 것이 아닙니다. 그보다 더 중요한 것은 다른 문제입니다."

"그게 어떤 문제인가요?"

"하나님이 당신 말을 믿으려 하실지……."

선택이라는 것 05

찬송하리로다 하나님 곧 우리 주 예수 그리스도의
아버지께서 그리스도 안에서 하늘에 속한 모든
신령한 복으로 우리에게 복 주시되

— 에베소서 1:3

"여보, 당신은 내가 어디가 좋아서 나에게 프러포즈를 했어요?"

"당신은 어디가 좋아서 나를 선택했소? 당신이 나를 먼저 택했잖소?"

"아니에요. 당신이 먼저 나에게 프러포즈했잖아요?"

"무슨 소리를……. 당신이 먼저 했잖아."

"아니, 왜 이래요? 당신이 먼저 했다니까요."

부부의 대화를 듣고 있던 시아버지가 조용히 타이르면서 말했습니다.

"먼저 프러포즈한 사람이 주인이다. 하나님이 인간보다 먼저 프러포즈하셨거든."

"……."

하나님의 선택과 인간의 선택의 다른 점은 무엇입니까?

말씀이야기 나누기

에베소서 1:3-10을 읽고 서로 이야기를 나누어보십시오.

1. 하나님께서 우리에게 주시는 신령한 복 중에 우리가 믿어야 할 가장 중요한 한 가지는 무엇입니까?(3-4)

2. 하나님께서 우리를 예정하여 택하신 것은 언제입니까?(4)

3. 우리를 선택하여 하나님의 아들이 되게 하셨는데, 그것은 우리뿐만 아니라 하나님께도 어떤 일이 됩니까?(5)

4 하나님의 구원하시는 놀라운 선택은 어떻게 주어지는 것입니까?(6-7)

5 창세 전부터 있었던 나를 위한 하나님의 선택은 비로소 누구를 통해서 아루어집니까? (8-9)

6 그리스도 안에서 하나님의 선택이 모든 것을 이루게 하신 이유는 무엇입니까?(10)

찬송하리로다 하나님 곧 우리 주 예수 그리스도의 아버지께서 그리스도

하늘에 속한 모든 신령한 복으로 우리에게 복 주시되

생각을 깊게 하는 대화

1_ 하나님의 가장 큰 비밀은 우리를 그리스도 안에서 하나님의 상속자로 선택하여 구원해주신 것입니다. 나는 이런 하나님의 비밀을 어떻게 알게 되었습니까? 또한 선택의 은혜를 아는 것과 모르는 것에서 오는 생활의 차이는 무엇입니까?

2_ 하나님의 선택과 예정은 인간의 생각으로 쉽게 이해되지 않는 내용입니다. 그러나 하나님의 선택 없이 세상일이 일어난다면 그것처럼 불안한 것도 없습니다. 왜 하나님께서 나를 먼저 선택하신 것이 그렇게 중요합니까? 이것은 예수님의 죽으심과 현재 나의 구원과 어떤 관계가 있습니까?(참고/요한복음 15:16)

생활 속에서 실천하기

1_ 구원은 인간의 행위로 얻는 것이 아니라 하나님을 믿는 믿음으로 얻는 것입니다. 그것은 언제나 하나님의 선택 속에서 먼저 행해진다는 뜻입니다. 내가 하나님을 선택하기 전에 하나님의 선택을 먼저 받은 것을 어떻게 믿게 되었습니까?

2_ 구원은 하나님의 선택으로 나에게 주어졌기 때문에 나의 행위로 인해 잃어버리지 않습니다. 그럼에도 우리가 자꾸 구원의 확신을 갖지 못하고 삶에 불안을 느끼는 이유는 무엇입니까?

3_ 오늘 말씀을 통해 도전받은 내용을 말해보십시오.

선택의 비밀

하나님께서 나를 먼저 선택하시지 않고 내가 먼저 하나님을 선택했다면 그것처럼 불안한 일은 없을 것입니다. 만약 내가 행한 것을 보고 하나님께서 나를 선택하셨다면 이것은 정말 불안한 일입니다. 그런 구원은 언제 취소될지 모르기 때문입니다. 하나님은 이런 인간의 연약함을 아시고 우리를 먼저 선택해주시고 구원해주셨습니다. 얼마나 감사한 일입니까? 하나님께서 우리를 먼저 선택해주신 것은 우리로 하여금 행위로 살게 하는 것이 아니라 언제나 믿음으로 살게 하기 위해서입니다. 내 힘으로 사는 것이 아니라 하나님께서 공급하시는 믿음의 힘으로 살게 하기 위해서입니다.

우리는 알기 위해서 하나님을 믿는 것이 아닙니다. 먼저 하나님을 믿고 난 후에 하나님을 알게 됩니다. 선택은 믿는 자만이 아는 진리이며 비밀입니다. 믿은 후에야 그것을 이해할 수 있는 하나님의 신비입니다. 중요한 것은 믿고 아는 것이지 알고 믿는 것이 아니라는 것입니다. 지금이라도 하나님을 믿고 싶다면, 또 하나님께서 하신 일을 믿고 싶다면 믿는 방법을 바꾸어보십시오. 이해하고 믿는 방법보다는 믿고 이해하는 방법을 선택하면 어떨까요?

실수

오랫동안 판사를 지낸 분이 퇴직하고 목사가 되어 처음으로 결혼 주례를 맡게 되었습니다.
"그대는 이 남자를 그대의 남편으로 인정하는가?"
"예, 인정합니다."
신부가 대답했습니다. 그러자 목사는 신랑을 향해 물었습니다.
"피고는 이 사실에 대해 뭔가 할 말이 없는가?"
"……??"

다 같은 종교(?) 06

다른 이로서는 구원을 얻을 수 없나니
천하 인간에 구원을 얻을 만한 다른 이름을
우리에게 주신 일이 없음이니라 하였더라

— 사도행전 4:12

통계청의 2003년 사회통계 조사결과를 보면 우리나라에 종교를 가진 사람은 53.9퍼센트이고, 종교별로는 불교(47.0퍼센트), 개신교(36.8퍼센트), 천주교(13.7퍼센트)의 순으로 나타났습니다. 1999년의 통계에 따르면 최소한 세계인구의 33퍼센트가 그리스도인입니다. 세계복음운동에 따르면 전 세계인구 60억 9,135만 1천명 중 20억 1,574만 4천 명이 기독교인입니다. 이들 중 교회에 소속된 사람은 18억 9,800만 명이고, 이 중 13억 명이 교회의 예배에 참석하고 있습니다. 무슬림은 힌두교(7,860만 명), 불교(3,620만 명), 토착신앙(2,250만 명), 새로운 신앙(1,020만 명)을 제치고 두 번째로 큰 종교집단이 되었으며, 이슬람을 믿는 신자는 12억 1,500만 명에 이릅니다. 7,740만 명은 종교를 갖고 있지 않으며, 1,510만 명이 자신을 무신론자라 칭하고 있습니다.

위의 자료를 보고 느낀 점을 말해보십시오.

말씀이야기 나누기

로마서 1:16-17, 요한복음 3:16-21을 읽고 이야기를 서로 나누어보십시오.

1. 예수를 핍박한 바울이 복음을 부끄러워하지 않고 자랑한 이유는 무엇입니까?(로마서 1:16)

2. 복음을 통해 우리는 어떤 유익을 얻을 수 있습니까?(17)

3. 우리가 하나님 앞에서 어떻게 의인이 될 수 있습니까?(17)

4 복음의 내용은 구체적으로 무엇인지 말해보십시오.(요한복음 3:16)

5 예수님이 이 세상에 오신 목적은 무엇입니까?(17)

6 복음을 믿지 않는 자에게는 어떤 형벌이 주어집니까?(18)

7 왜 많은 사람들이 복음을 꺼려하며 받아들이지 않을까요?(21)

생각을 깊게 하는 대화

1_ 예수 이외의 다른 종교나 길을 인정하지 않고 오직 예수 믿는 것만이 구원의 길이라고 말하는 이유는 무엇입니까?(참고/요한복음 3:35-36, 14:6, 사도행전 4:12)

2_ 하나님 앞에서 정죄는 하나님을 알지 못하고 하나님을 사랑하지 못하기 때문입니다. 어떻게 하면 하나님을 믿고 하나님을 깊이 사랑할 수 있는지 말해보십시오.(참고/요한복음 20:31)

생활 속에서 실천하기

1_ 나는 이 시간 예수님을 나의 구원자요 내 생애의 주인으로 진정 받아들이고 있습니까? 그리고 예수님만이 참 길이라고 분명히 믿고 있습니까? 만약 잘 이해가 안 되는 부분이 있다면 무엇입니까?

2_ 내가 예수를 믿게 된 과정을 간단히 설명해보십시오.

3_ 다른 종교를 믿는 친구들과 어떻게 지내야 할까요?

다른 이름은 없다

진리의 길은 언제나 고달프고 외롭습니다. 많은 종교 가운데 기독교가 가는 길은 유난히 외롭고 고독합니다. 그것은 기독교가 다른 종교와 구별되는 특징을 갖고 있기 때문입니다. "예수 이름 외에는 다른 이름이 없다." 이는 정말 대단한 선언입니다. 어느 누구도 감히 흉내낼 수 없는 오직 기독교만 외칠 수 있는 유일한 선언입니다. 이기적이고 고집스럽게 보인다 할지라도 이것은 사실입니다. 그래서 유별나게 보일 수 있는 기독교는 핍박 또한 많이 받아왔습니다.

적당하게 타협하는 기독교, 모두가 같아지는 기독교, 이것저것 수용하는 기독교는 없습니다. 사랑이라는 미명하에 다른 것과 같아질 수는 없습니다. 진정한 사랑은 진리를 끝까지 외치며 그것을 고수하는 것입니다. 이는 우리가 다른 사람에게 줄 수 있는 최고의 선물입니다. 내가 둘이 될 수 없듯이 구원을 얻을 수 있는 길은 오직 예수 이외에는 없습니다.

우리 삼촌이 제일이야!

어린아이 셋이서 서로 자랑거리를 늘어놓다가 한 아이가 말했습니다.
"얘들아, 우리 아빠가 얼마나 수영을 잘 하시는지 아니? 한강을 왕복하신다. 아마 2킬로미터는 헤엄치실 수 있을 거야!"
그러자 다른 아이가 이에 질세라 말했습니다.
"뭐 그까짓 것 가지고 그래? 우리 아빠는 4킬로미터나 헤엄치시는데. 일단 물에 들어가시면 4시간은 넘게 계시거든."
그러자 또 다른 아이가 제법 어깨를 으쓱하며 말했습니다.
"그까짓 4시간 가지고 뭘 그래? 우리 삼촌은 작년 여름에 물에 들어갔다가 아직까지 안 나오는데."
"??"

죽음이 두려워 07

제 구시 즈음에 예수께서 크게 소리질러 가라사대 엘리 엘리 라마 사박다니 하시니 이는 곧 나의 하나님, 나의 하나님, 어찌하여 나를 버리셨나이까 하는 뜻이라

— 마태복음 27:46

마음을 여는 대화

"민수야, 죽는다는 것은 어떤 것인지 한 번 생각해봤니?"

"글쎄, 끝난다는 뜻 아닌가?"

"그래, 한마디로 관계가 끊어진다는 말이지."

"더 자세히 말해줄래?"

"예를 들면 사랑하는 사람과 사이가 끊어지고, 세상의 삶과 끊어지고, 육체와 영혼이 끊어지는 거라고 생각하면 될 거야."

"야! 너 대단하다. 아주 그럴 듯한데."

"뭐, 보통이지. 헤헤."

"그런 것을 어디서 배웠어?"

"성경에서 배웠어. 한마디 덧붙인다면 죽음이란 결국 죄의 결과인데 죄란 말도 서로 관계가 끊어진다는 뜻이야."

"아, 그렇구나!"

죽음에 대해 함께 이야기를 나누어보십시오.

- 정의

- 종류

- 공포가 생기는 이유

말씀이야기 나누기

마태복음 27:45-54을 읽고 서로 이야기를 나누어보십시오.

1. 예수님께서 죽으실 때에 일어난 여러 가지 세상의 변화들과 현상은 어떤 것인지 말해보십시오.(45-53)

2. 제9시(오후 3시)가 되어 예수님께서 죽으실 때 크게 소리지르며 한 말을 적어보십시오.(46)

3. 예수님의 죽음을 지켜본 무리들 중에는 두 종류의 사람들이 있었습니다. 그들은 어떤 사람들입니까?(47-49)

4 본문 말씀 전체를 통하여 예수님의 십자가 죽음 곁에 있었던 사람들을 찾아보십시오.

5 백부장은 예수님의 죽음을 보고 어떤 고백을 하였습니까?(54)

제 구시 즈음에 예수께서 크게 소리질러 가라사대
엘리 엘리 라마 사박다니 하시니 이는 곧 나의 하나님, 나의 하
어찌하여 나를 버리셨나이까 하는 뜻이라.

생각을 깊게 하는 대화

1_ 세상 사람들의 죽음과 예수님의 죽음이 다른 점이 있다면 그것은 무엇입니까?

2_ "나의 하나님, 나의 하나님, 어찌하여 나를 버리셨나이까?"를 통해 발견할 수 있는 예수님의 고난의 의미를 말해보십시오.

생활 속에서 실천하기

1_ 나는 죽음을 어떻게 생각하며 죽음이 나에게 닥친다면 어떤 자세로 받아들이겠습니까?

2_ 예수 그리스도의 죽음은 오늘날 나에게 어떤 유익을 줍니까?

3_ 죽음은 순서 없이 찾아옵니다. 죽음에 대해 미리 준비할 때 가장 중요한 것은 무엇인지 말해보십시오. 나는 어떤 준비를 했습니까?

죽음, 그것은 새로운 시작이다

사람들은 죽음을 두려워합니다. 죽음이 모든 것의 끝이라고 보기 때문입니다. 그래서 죽음이라는 말을 아예 생각조차 하지 않으려고 합니다. 그럼에도 죽음은 우리에게 어김없이 닥치고 순서 없이 닥칩니다. 생각하지 않는다고 그것이 우리에게 닥치지 않는 것이 아닙니다.
그렇다면 죽음을 두려워하지 않을 수는 없을까요? 그것은 오직 그리스도를 통해서 해결할 수 있습니다. 그분은 인간의 가장 큰 문제인 죽음을 완전히 해결해주셨습니다. 죽어도 죽지 않는 길을 인간에게 제시하셨고 영원히 사는 길을 가르쳐주셨습니다.
알고보면 죽음은 영생의 길로 들어서는 새로운 출발입니다. 그러나 그것은 오직 우리의 죽음을 대신하신 그리스도를 믿는 사람에 한해서 해당됩니다. 우리를 대신하여 죽으신 주님을 인해 얻은 인류 최대의 희소식입니다.

하나님의 집

주일학교 교사가 하나님의 집은 어디에 있는지 아이들에게 물었습니다.
'하늘나라' 라는 대답을 기대하면서 말입니다.
그런데 한 아이가 자신 있게 손을 들며 대답했습니다.
"우리집 화장실입니다!"
"그건 왜 그렇지요?"
선생님이 놀라서 물었습니다.
"그건 우리 아빠가 매일 아침마다 화장실 문을 주먹으로 쾅쾅 두드리며 'Oh, my God! 당신 아직도 거기에 있소?' 라고 말하기 때문이죠."

08 메뚜기 콤플렉스

오직 여호와를 거역하지 말라
또 그 땅 백성을 두려워하지 말라 그들은 우리 밥이라
그들의 보호자는 그들에게서 떠났고
여호와는 우리와 함께 하시느니라 그들을 두려워 말라

— 민수기 14:9

마음을 여는 & 대화

"나는 왜 공부를 잘 못할까?"

"너도 그래? 나도 사실 내가 왜 공부를 못하는지 이유를 모르겠어."

"공부를 하다보면 자꾸 딴 생각이 들어서 집중이 안 되긴 하는데, 너는 어때?"

"나는 주위에 방해되는 것들이 많아서 공부를 잘 못하겠어."

"뭔데?"

"예를 들면 텔레비전, 음악, 컴퓨터, 나가서 놀고 싶은 유혹……, 뭐 그런 거야."

"그런 것들은 안 하면 되잖아."

"그런데 나는 그게 잘 안돼. 유혹들을 이겨내야 하는데 늘 그런 것에 방해를 받는단 말이야."

"야, 그러면 텔레비전도 없고 친구도 없고 음악도 없는 무인도에 가서 혼자 살면 되잖아."

"뭐?"

다음 항목에 대해서 사람들은 대체로 어떻게 반응하는지 말해보십시오.

- 1주일의 시한부 삶이 주어진다면?

- 재난으로 인해 가족을 모두 잃고 고아가 되었다면?

말씀이야기 나누기

민수기 14:1-12을 읽고 서로 이야기를 나누어보십시오.

1. 모세가 갈렙을 비롯한 각 지파 중에서 족장 된 자 한 사람씩을 선발하여 어떤 임무를 부여했습니까?(민수기 13:17-20)

2. 열 명의 정탐꾼들의 보고를 들은 백성들의 반응을 말해보십시오.(1-3)

3. 여호수아와 갈렙은 회중에게 그 땅에 대해서 어떤 반응을 나타냈으며, 여호수아와 갈렙의 이야기를 들은 백성들은 어떻게 반응했습니까?(7-9)

4 백성들의 반응에 대해서 하나님은 어떤 책망의 말씀을 하셨습니까?(11-12)

생각을 깊게 하는 대화

1_ 여호수아와 갈렙의 시각은 어떤 면에서 다른 정탐꾼들과 달랐습니까? 다른 정탐꾼들은 가나안 땅의 사람을 무섭고 두려운 존재로 보았지만 여호수아와 갈렙은 '밥'이라고 보았습니다. 이것이 우리에게 주는 영적 교훈은 무엇입니까?(참고/마태복음 8:13, 마가복음 9:23, 빌립보서 4:13)

2_ 갈렙의 삶을 통해 장애물을 극복한 점을 정리해본다면 어떻게 요약할 수 있습니까?(참고/민수기 14:24, 여호수아 14:9-12)

생활 속에서 실천하기

1_ 우리가 여러 가지 어려운 상황에 봉착했을 때 이것을 이기기 위해 가져야 할 자세는 무엇입니까?

2_ 현재 불가능하고 어렵게 생각하는 일이 있다면, 나는 그 일에 어떻게 대처하고 있는지 말해보십시오.

3_ 현재 나를 어렵게 하는 콤플렉스는 무엇입니까? 이것에 대해 친구들의 조언을 들어보십시오.

어차피 넘어야 할 산이라면

사람이 사는 데는 언제나 장애물이 있습니다. 무엇이든지 쉽게 되는 것은 없습니다. 언제나 뜻하지 않는 장애물을 만나게 됩니다. 그때마다 우리는 그 장애물에 걸려 넘어지고 포기하고 그만둘 때가 많습니다. 그러나 알고보면 그 장애물은 우리를 강하게 만드는 훈련도구입니다. 그리고 우리의 믿음을 시험하는 도구이기도 합니다.

장애물이 없으면 우리 자신의 믿음을 스스로 진단할 방법이 없습니다. 장애물 때문에 어려움을 당하는 것은 결국 우리의 인생에 큰 도움이 됩니다. 왜냐하면 앞으로 닥치는 큰 장애물을 이길 수 있는 힘이 생기기 때문입니다. 인생의 장애물을 피해서 갈 수 없다면 우리는 그것을 정면돌파하는 법을 빨리 터득해야 합니다. 그것이 지혜입니다.

쉬운 수술

다섯 명의 의사가 모여 회의를 했습니다. 주제는 어떤 환자가 수술하기 쉬운지를 가려내는 것이었습니다.

의사 1 : 나는 회계사가 수술하기 제일 쉬워. 몸속에 모두 숫자가 붙어 있으니까.

의사 2 : 나는 영어선생이 제일 쉬워. 몸속에 모두 알파벳순으로 되어 있으니까.

의사 3 : 나는 국어학자가 제일 쉬워. 몸속에 가나다순으로 되어 있으니까.

의사 4 : 나는 목사님이 가장 쉬워. 욕심이 없잖아.

이때 한참 생각하던 의사 5가 말했습니다.

의사 5 : 나는 정치인이 제일 쉬워. 왜냐하면 속이 없잖아.

진단과 분별 09

그러나 끝까지 견디는 자는 구원을 얻으리라
이 천국 복음이 모든 민족에게 증거되기 위하여
온 세상에 전파되리니 그제야 끝이 오리라

— 마태복음 24:13–14

마음을 여는 대화

"몸이 왜 이렇게 찌뿌드드하지?"

"너무 공부를 열심히 해서 그래. 조금 놀기도 해라."

"아니야, 어젯밤에도 일찍 잤는데 이상하네. 이건 보통 증세가 아니야."

"그럼 무슨 증세야?"

"머리가 어지러우면서 구역질이 난단 말이야."

"그러면 빨리 병원에 가봐. 머리가 아프고 구역질이 나는 것은 뇌종양에서 생기는 증세라고 들은 것 같은데……."

"난 절대로 그럴 리가 없어."

"장담하지 마. 이상한 징조가 있을 때 빨리 병원에 가봐야 돼."

"아니야. 문제가 없다는 확실한 증거가 있어."

"뭔데?"

"아까 국어시간에 네가 잘난 척하며 발표할 때부터 역겨운 생각이 들면서 머리가 어지럽고 구역질이 나기 시작했거든……."

"??"

다음 징후들을 말해보십시오.

- 봄이 오는 징후

- 비가 오는 징후

- 감기가 오는 징후

말씀이야기 나누기

마태복음 24:3-14를 읽고 서로 생각을 나누어보십시오.

1. 언제, 어디서, 누가 말씀하신 것입니까?(3)

2. 제자들의 관심은 무엇이었습니까?(3)

3. 예수님은 종말에 일어날 징조에 대해서 자세하게 말씀해주셨습니다. 그것은 무엇입니까?(4-12)

4 종말에 구원을 얻는 사람은 누구입니까?(13)

5 이 세상이 종말에 가까워질수록 어떤 증거가 나타나고 있습니까?(14)

생각을 깊게 하는 대화

1_ 그리스도인은 세상 사람과는 다른 종말론적인 삶을 사는 사람입니다. 이것은 세상 사람이 가질 수 없는 그리스도인만의 특권입니다. 종말론적인 삶이란 구체적으로 어떤 삶인지 말해보십시오.(참고/마태복음 3:2, 마가복음 1:15)

2_ 하나님의 역사(예/죄의 심판, 노아의 홍수 등)를 알 수 있는 영적 분별력을 기르기 위하여 청소년기부터 훈련이 되어야 합니다. 어떻게 해야 합니까?

생활 속에서 실천하기

1_ 현재 우리가 사는 세상을 진단해볼 때 하나님의 때가 가까웠다는 것을 알 수 있는 징후들을 말해보십시오.

2_ 현재 이 시대를 진단해보고 청소년을 가장 힘들게 하는 것은 무엇인지 말해보십시오.

3_ 오늘 본문을 통해 특별히 느끼는 점과 내가 당장 해야 할 시급한 과제를 말해보십시오.

악한 징후

지혜로운 사람일수록 나타나는 징조에 유의합니다. 왜냐하면 언제나 모든 것이 드러나기 전에는 징조가 있기 때문입니다. 특히 종말이 다가올수록 다양한 징조들이 나타납니다. 사단은 마지막이 올수록 우는 사자와 같이 우리를 괴롭히고 삼킬 자를 찾습니다. 급하게 하고 화를 내게 하고 욕심을 부리게 하고 자기만 사랑하게 하면서 무자비해지는 것은 아주 위험한 징조입니다.

불안하게 하고 두려워하게 하는 것은 하나님께서 주시는 것이 아닙니다. 사단은 교묘하게 위장하여 공격하지만 나쁜 징후는 조금만 살펴보면 알 수 있습니다. 그러므로 우리는 육신적인 욕망과 자기 자랑에 사로잡힌 인간의 악한 것들을 성경의 원칙에 근거해서 골라내어 제거해야 합니다. 지금 나에게 있는 이상한 징후는 없습니까?

저자 이대희 목사

장로회 신학대학교 신학대학원(M.Div)과 연세대학교 연합신학대학원(Th.M)을 졸업하고 현재 에스라성경대학원대학교 성경학박사(D.Liit) 과정 중이다.
예장총회교육자원부 연구원과 서울장신대학교 신학과 교수를 역임하고 서울 극동방송에서 "알기 쉬운 성경공부" "기독교 이해" 등의 프로그램을 진행했다. 지난 20여 년 동안 성서사람 · 성서한국 · 성서교회 · 성서나라의 모토를 가지고 한국적 성경교육과 실천사역을 위해 집필과 세미나와 강의사역을 하고 있다. 현재 바이블미션(www.bible91.org) 대표, 꿈을주는교회 담임목사, 독수리기독중고등학교 성경교사, 강남성서신학원 외래교수, 서울장신대 겸임교수로 사역 중이다.
저서로 《30분 성경공부시리즈》《투데이 성경공부시리즈》《아름다운 십대 성경공부시리즈》《이야기대화식성경연구》《성경통독을 위한 11가지 리딩포인트》《심방설교 이렇게 준비하라》《예수님은 어떻게 교육했을까?》《1% 가능성을 성공으로 바꾼 사람들》《자녀를 거인으로 우뚝 세우는 침상기도》《하룻밤에 배우는 쉬운 기도》《하나님 이것이 궁금해요》《크리스천이 꼭 알아야 할 100문 100답》 등 100여 권이 있다.

가치관

초판 1쇄 인쇄일 | 2004년 3월 10일
초판 7쇄 발행일 | 2012년 6월 20일

지은이 | 이대희
펴낸이 | 김학룡
펴낸곳 | 엔크리스토
마케팅 | 김민회, 이동석
관리부 | 임월규, 이진규, 박지현, 김호성, 박혜영

출판등록 | 2004년 12월 8일
주 소 | 경기도 고양시 일산동구 장항동 585-2
전 화 | (031) 906-9191
팩 스 | 0505-365-9191
이메일 | 9191@korea.com
공급처 | 기독교출판유통

값 3,500원

● 이 교재의 사용 방법, 내용, 훈련, 세미나에 대한 문의는 바이블미션(02-403-0196, 010-2731-9078)으로 해주시면 최선을 다해 도와드리겠습니다.